기억들은 모두 꽃이 되었다

기억들은 모두 꽃이 되었다

김효경 시집

시인의 말

부끄러움 하나 더 보태려고
닫아두었던 서랍을 기어이 연다

말복까지 이어지던 장마, 그 뒤의 불볕에
서랍 속의 것들을 내어 말린다

매미 소리가 하늘을 찌르는 지금,
살아 있는 모든 것이 절정이다
새 별도 돋을 테다

지금까지 곁에서 알게 모르게 도와준
많은 이들에게 감사드리며

2020년 8월에
소담小潭 김효경

차례

시인의 말　　　　　　　　　　5

제1부　무심코 뱉은 말

무심코 뱉은 말　　　　　　　　12
기억들은 모두 꽃이 되었다　　　13
편지　　　　　　　　　　　　　14
오늘 같은 날은　　　　　　　　15
5월입니다　　　　　　　　　　16
월류봉月留峰에서　　　　　　　18
6월　　　　　　　　　　　　　19
가을 저녁의 시　　　　　　　　20
살구가 익을 무렵　　　　　　　22
노을　　　　　　　　　　　　　23
새벽에　　　　　　　　　　　　24
장미 한 다발엔 그만큼의 가시도 있다　25
가을 기도　　　　　　　　　　26
어떤 날·1　　　　　　　　　　27

제2부   목련 그늘

가버린 것에 대하여	30
목련 그늘	31
강가에서	32
벚꽃편지	33
겨우 봄꽃이 졌을 뿐인데	34
여름날의 숲	35
세월	36
슬픈 그대에게	37
사랑이란	38
해후	39
외로움	40
마음 수행	41
뒤를 돌아본다는 것은	42
못생긴 나무 한 그루	43

제3부   프리지어, 너를 안던 날

바닷가 언덕과 산국	46
하루에 한 번쯤은	48
망초 꽃	49
사과나무 아래에서	50
프리지어, 너를 안던 날	51
나무에게	52
눈이 내리는가	53
이제는 처녀가 아닙니다	54
사랑이 깊어진다는 것은	56
어떤 날·2 - 2020년 봄날에	57
엄마 생각·1	58
엄마 생각·2	59
엄마 생각·3	60
엄마 생각·4	61

제4부　　무엇이었다가 나는

가야만 하는 길	64
그림자	65
누구에게 무엇이었던 적이 있는가	66
오늘도	67
안부	68
산다는 것은	69
욕심	70
편견	71
체념	72
하루를 보내며	73
희망가·1	74
희망가·2	75
희망가·3	76
무엇이었다가 나는	77

제5부　　수제비

가로등	80
추억	81
수제비	82
저구마을에서	84
장마	85
입추 즈음에	86
일탈·1 – 5월, 어느 날에	88
일탈·2 – 어느 가을날에	89
관음증	90
낙엽·1	91
낙엽·2	92
겨울나무의 변	93
바람의 길	94
징검다리	96

■ 평설　세상 밖의 삶, 수제비와 징검다리　　98
　　　　공영해(시인)

제1부

무심코 뱉은 말

무심코 뱉은 말

봄이 온 지도 꽤 되었건만
창밖의 저 나무만은 아직 겨울이다

맨몸으로 서 있는 너를 향해
자주 부르던 노래 흥얼거리며
문을 조금 열기로 한다

오늘은 날마다 오던 새도 보이지 않는다

겨울 동안
더 굽어진 나무의 등을 보며
이제 그만 베어버려야겠다고 했는데
아무래도 그 말을 들은 모양이다

그늘조차 푸르던 시절
내가 했던 말은 어떤 빛이었을까

기억들은 모두 꽃이 되었다

눈을 감으면
서늘히 다가오는 것들 모두
꽃이 되는 지금,

나는
새 잎눈 터지는 소리보다 더 들뜬 목소리로
내 귀를 멀게 한 당신을 부릅니다

그렇게 당신을 다시 부르면
어느 먼 물가에 수선화 뿌리 내리는 소리,
먼 하늘가에 노을 물드는 소리,
그리고 아득한 지평선을 넘어오는
아지랑이 발걸음 소리 같은
바람의 소리들을 들을 수 있을까요

그러면 묻어두었던 당신의 뾰족한 물음에
바람의 소리로 대답하겠습니다
서늘해진 우리 기억들
지금은 모두 꽃이 되었다고

편 지

꽃이었다, 그것은
마른 가지 끝에 찬바람 걸린
어느 이른 봄날 오후에

쿵쾅쿵쾅 소리 내며 온

사연 한 줄 없어도
불편하지 않은
꽃 멀미

오늘 같은 날은

생각지도 않은 말 한마디로
뼛속 가득 맑은 바람이 부는
오늘 같은 날은
길가 앉은뱅이 꽃도
혼자이지 않음을 이제 알겠네

하나 둘 가슴에 쌓인 아픔들이
하늘 가득 홀씨로 날아가는
오늘 같은 날은
날개를 가지지 않아도
날아오를 수 있음도 문득 알겠네

생각지도 않은 말 한마디가
천년설 같던 가슴을 녹여낸
오늘 같은 날은
오래 생각하지 않아도
사는 게 별스럽지 않음을 새삼 알겠네

5월입니다

잊고 살았던 얼굴이
아카시아 꽃향기로 흩날리면
그러면 5월입니다

가시를 버리지 못한 장미가
가시를 품고도 꽃잎을 열면
그러면 또 5월입니다

세상에 넘실대던 푸른 물빛이
사람들 지친 가슴까지도 다 채우고
마침내 살구라든지 자두 같은 것으로 매달리는
이 환장할 계절에

어린 것들 재잘대는 목소리가
하필이면 풍경 소리로 귀에 담기면
그러면 또 5월입니다

우곡사 속 빈 은행나무* 앞에서
이 땅의 어머니가 생각나

나도 모르게 왈칵 눈물이 흐를라치면
그러면 정말로 5월입니다

* 창원시 동읍 자여마을 우곡사 입구에 있는 벼락 맞은 은행나무.

월류봉月留峰*에서

날아라 새들아, 아이들의 노래를
어쩌다 나는 여기 와서 듣는가
어쩌다 나는 여기 와서야
와르르 봄꽃들이 왔다 간 걸 알았나

입춘을 지내며
매화가 질 때 살아나야지 그래놓고
그 사이 매화가 왔다 간 줄도 모르고

먼 충청 땅 이곳
달이 머물다 간다는 산봉우리를 마주하고
굽이도는 초강천* 물줄기와
그 물에 발목 잡힌 실뿌리들의 환호 속에
드디어 나는 살아,
시퍼렇게 살아
이 꿈 같은 정경 속을 걷고 있는가

*월류봉 : 충청북도 영동군 황간면에 위치.
*초강천 : 월류봉 아래로 흐르는 천.

6월

산다는 것은
늘 싱그러운 것만은 아니지만
타다 만 장작처럼
무작정 서글픈 것만은 또 아닌 것이어서
삶의 고단함도
기가 막힌 이별도
못 잊을 사랑을 비롯한
상실감으로 무너진 가슴들 모두
정녕 아무것도 아닌 것이어야 한다
눈길 닿는 곳마다
초록 물 뚝뚝 듣는 시방 이 시절

가을 저녁의 시

언제 바람이 그쳤는가
문득 내다보니 저녁이다

푸르게 빛나던 격정은 자고
다만 보이는 건
울먹이는 우리 두 빈 가슴

미처 부르지 못한 이름 하나
끝내 불태우려는지
문득 보이는 건
열병에 신음하는 뜨거운 입술

언제 단풍바람 그쳤던가
돌아보는 거기 서러운 저녁

엇갈리며 가는 길 위에서
우리의 해후는 어디쯤일까

푸르게 빛나던 그날은 가고

눈감으면 다만 보이는 건
가랑잎 같은
우리
두 빈 가슴

살구가 익을 무렵

숨소리가 나른해질 때
돌아갈 곳이 있다는 것
그 사소함이 얼마나 큰 기쁨인지요

날마다 당신 때문에 웃던 날엔
몰랐습니다 허기진 저녁도 평온하다는 걸

모르던 사소함이 함박웃음을 주는데도
살구가 익을 무렵부터
당신을 기다리는 나를 봅니다

허기져서도 별을 헤던 그 저녁엔
몰랐습니다,
이렇게 살구가 익을 무렵
다시 당신을 기다리게 될 줄
그 기다림의 분량만큼 새 별이 돋을 줄

노 을

태워서 재가 된다면
차라리 감당이나 하련만

태워도
재가 되지 않는
내 가슴을 어이하나

새벽에

여명 속으로 사람들이 걸어 다닌다
먼 데서 개 짖는 소리 들려오고
문명의 시동이 걸리고
매연이 싫은 바람은
새벽별을 두고 또 어딘가로 향한다

가는 것은 모두 내게서 가고
오는 건 단지 계절뿐인 지금,
푸른빛은 더해져 기어이 넘쳐흐르는데
그 강물에 떠서 나도 어디론가 가본다

혼자 강둑에 섰다
언젠가 같이 무너졌던 둑은
저만치 기슭에 찔레꽃 무더기로 피워 놓고 있었다

물씬 비쳐오는 생의 빛
가슴에 물줄기 하나 굽이치고
휘었던 등뼈가 바로 선다

장미 한 다발엔 그만큼의 가시도 있다

우리가 아름다운 동반자일 때는
어디서나 장미가 지천이다

우리가 아름다운 동반자로 있을 때
우리만은, 우리 관계만은 영원하리라는
착각 그마저도 향기롭다

그러나 꽃이 시들듯
우리 사이에도 일순간 모래바람이 휘몰아치고
겨울 한복판 같은 날이 반드시 찾아온다

긴 장례식
그 쓸쓸한 식장을 지키면서
커다랗던 이름이 조그마해질 때까지
날마다 한 사발씩 피를 쏟아야 할지도 모르는

어디서나 장미가 지천일 때
그때 이미 천지로 돋아나 있는

가을 기도

몸과 마음 먼저 진실하게 하시어
두 다리로 꼿꼿이 땅을 디디게 하소서

물길을 돌아 흐르는 강물처럼
초조하지 않게 하시며
오로지 진심으로 사람을 만나
그가 하는 이야기를 귀에 담게 하소서

용서받을 일은 늦어져도
용서해야 하는 일은 미루지 않게 하시고
하늘이 너무나도 파란 날은
더러는 눈물 나는 가슴이게 하소서

그리고 그 한철
아침마다 고요히 찻물을 끓이게 하소서

어떤 날·1

종일 물만 마셨는데도
목구멍으로 탄내가 넘어오는 날

제2부

목련 그늘

가버린 것에 대하여

잎새를 스치는 바람이어도 좋다
살아가면서
우연이라도 너를 만날 수만 있다면

모란이 유난히 곱던 아침도
옛 이야기가 되어버린 지금
아무런 약속도 없는
그래서 더욱 간절한 너는,
눈이 내릴 거라던 어느 해 성탄일에
기어이 오지 않던 첫눈인지도 모른다

그래도 눈 뜨는 일은 아직 즐거워
깊은 밤, 비 내리듯 안개 속에서도
너를 소망하는 걸 혹시 아니

저녁 숲에서 날아오르는 작은 새여도 좋다
우연이라도
너를 다시 만날 수만 있다면

목련 그늘

저 꽃빛에
지금 모습이 더 남루해진다 해도
세상은 그런 우리를 눈여겨보지 않을 거야
숨 쉰 것만큼 후회할지라도
여기서 우리, 숨이나 쉬다 가자

스스로 밝혀든 생명의 등불
눈부신 꽃가지 가지마다
낭랑한 노래 한 소절씩 걸어주면서
실연이나 실직으로 앓는 인생들
더는 아프지 마라 아프지 마라 빌면서

오지 않는 그 사람의 편지 따위 잊고
여기서 우리 숨이나 쉬다 가자
나밖에 되지 못한 내 손을 잡고
새맑은 시 한 구절 들려주고 가자

강가에서

해는 저무는데
그대는 오늘도 아니 오시네

강둑 따라 흐드러진 풀꽃을 엮어
그대 먼 이마 밝히는 꽃등을 걸까
꽃등을 걸면
햇살이 피듯 그렇게 날 찾아오실까

흐드러진 저 풀꽃을 고이 엮어서
먼 그대 싣고 올 배를 띄울까
배를 띄우면
바람이 오듯 그렇게 날 찾아오실까

오늘따라 붉게 타는 저녁노을에
흐르는 강물이 내 맘 같아라

벚꽃편지

이제 저는 당신을 떠나
아득히 먼 곳으로 가렵니다
지난 시간 무던히도 아프게 하던 것들 다
오늘 이 눈부신 햇살에 씻어버리고
앞으로 내가 갈 길은 어디인지
어디서 어떻게 살아가야 하는지를 생각하며
이제 저는 가렵니다
내 떠난 후 당신의 안부는
바람으로 혹은 빗소리로 전해 듣겠지만
잎 지기까지 외롭기야 하겠냐고
가슴을 쓸어내려도 봅니다
떠난 이후로
다정한 그 눈길을 느낄 수 없음이 다만 아쉬웁지만
가는 길에 뒤돌아보진 않겠습니다
그러니 당신께서도 저를 붙잡으려 하지 마세요
당신이 저를 떨쳐야만 저 먼 길이 빛날 테니까요

겨우 봄꽃이 졌을 뿐인데

그랬습니다
애당초 나도 그랬습니다
지나치는 길에 잠시 눈이 맞았을 뿐,
그대를 사랑한 건 아니었습니다
겨우 봄꽃이 졌을 뿐인데
그를 따라 그대마저 져버린 걸 보면
그대 역시도
진정으로 날 사랑한 건 아니었던가 봅니다

여름날의 숲

때 없이 펄럭거리는 나를 데리고
숨 막히게 쏟아지는 햇볕의 그늘에
덕아, 나는 섰다

하늘 아래 이처럼 아늑한 곳 어디 있던가
내 생애 이처럼 빛 밝은 날 또 있던가

유장한 마음 따위 없어도 좋다
우리의 깨알 같은 이야기를 물어 나를 벌 한 마리,
꿀벌 한 마리만 있어도 좋을

어디서 곱지 않은 구름과 바람이 와도
차라리 그것들 벗 삼아
새처럼 재재거릴 반려伴侶의 숲으로

와서는 반갑다 눈물 흘려도 좋고
목젖이 붓도록 웃어도 좋을
이 숨 막히게 푸르른 그늘로
덕아, 너를 부른다

세 월

이제는 강가에 가지 않아도
강물의 말을 들을 줄 안다

곁에 없어도
그 사람의 숨소리를 느낄 수 있듯
굳이 강둑에 서지 않아도
강물의 심정을 만질 줄 안다

누가 나의 가난을 수런거린다 해도
귀에 맑은 종소리로 담을 줄 알고
거센 물살이 차오르는 가슴에서
물오리처럼 떠다닐 줄도 이제는 안다

바다로 가는 물길이 그러하듯
머언 흘러가는 구름이 그러하듯

슬픈 그대에게

살다 보면
기다려도 오지 않는 것 때문에
가슴이 날짐승이 되는 날이 있다

보내야만 하는 것에 매달려
눈물범벅인 채
안개 속에 갇혀 버리는 날도 있다

오늘이 그날이고
삼백예순날 그날이라 해도
가슴엔 흔들림 없는 불을 밝혀라

갖은 세월에도
소망의 뿌리 깊이 내리는 저 나무를 보라
달 없는 밤에도
묵묵히 가지 키워 달 건지나니

참담할수록
신앙 같은 불 훤히 가슴에 밝혀라

사랑이란

어느 샌가
사람의 가슴에 별 하나로 떠올라
가는 곳 어디에서든 몰래 반짝이는 거

풋사과 같고 홍시 같고
어느 뒤척이는 밤
가만히 내리는 빗소리 같은 거

이미 준 것은 잊어버리고
못다 준 것으로만 속속들이 채워주고 싶어
머리끝에서 발끝까지 저리고 저리다가
가슴에 꽁꽁 고드름 열게 하는

그렇지만 한사코 마음이 가
말 한마디로도 긴 기도가 되게 하는
믿기지 않는 축복
바로 그런 거

해후

잊은 듯 살기가
그렇던가요

꽃 피고 새 울던 날
잠시 왔다가
초록이 불붙어도
소식 없더니

이리도 손 시리고
발목 시린 날

묵었던 그리움 쓸쓸히 녹아
고드름 열릴 줄
어이 알고

외로움

아무
소용이 없는
상한 나뭇잎
한
장

마음 수행

보이는 것 모두가
그대이던 날이 있었습니다

더 이상 그대를 보지 않으려
눈을 감아버리던 날, 그러면
보이는 것 모두가 그대이던 것들이
보이지 않을 줄 알았습니다

그러나 눈을 감으면 감을수록
더욱 가까이 선명하게
그대가 보입니다

이제는 뜻대로 눈을 감을 수도 없으니
눈뜬 장님으로 살아야겠습니다

뒤를 돌아본다는 것은

뒤를 돌아본다는 것은
걸어온 길을 다시 가겠다는 것

걸어온 길을 다시 가겠다는 것은
무엇을 제대로 이루어보겠다는 것

때 묻어 비록 더럽혀진 양심이지만
욕심도 집착도 아닌
오로지 제 힘으로 인정받고 싶은 것
그렇게 가슴을 채우고 싶은 것

나를 사랑하는 이가 없어서가 아니라
누구보다 내가 나를 더 사랑하는 까닭에
떠돌면서도 종종 뒤돌아보며
가슴이 그득해지고 싶은 것
그렇게 흘러가고 싶은 것

못생긴 나무 한 그루

나무였으면 했다
산을 지키듯 그대 일상을 지키는
못생긴 나무였으면 했다
적적한 그 가슴에 오솔길 하나 내어
그대 적적함을 지키는 또 하나 적적한 나무로 서서
사람 사이에서 생겨나는 고뇌들
아낌없이 받아 안는 배경이고자 했다
어떤 날은 노래가 되고
어떤 날은 향기가 되고
그렇게 그대에게 필요한 마지막이었으면 했다
우리의 작별은 왜
낙엽처럼 자연스럽지 못했을까
열 손가락 생손 앓다 고개 들었을 땐
봄꽃들이 왔다가 우르르 떠난 뒤였다
내 진정 나무였으면 했다
그대 적적함을 지키는 못생긴
나무 한 그루

제3부

프리지어, 너를 안던 날

바닷가 언덕과 산국

나의 그리움은 성못길에 알게 된 바닷가 언덕에서
나지막한 무덤과 몇 포기 노란 꽃과 함께 자라났다

언덕에서 바라본 바다는 하늘을 쏟아놓은 것 같았고
노란 꽃은 빛바랜 사진 속 그 사람처럼 쓸쓸해보였다

그날 이후로,
아버지와 손잡고 가는 동무를 마주쳐 속이 칭얼거릴 때면
솔밭길 솔바람 소리를 들으며 그 언덕으로 갔다가
흠뻑 저녁물에 젖어 돌아오곤 했다
그런 날엔 소스라치는 꿈도 꾸지 않았다

그곳에 노란 꽃이 여러 번 피고 지는 사이
계집애의 젖가슴은 봉긋해졌고
노란 그 꽃이 산국이라 불리는 것도 알게 되었다

어느 해인가, 개발이라는 이름으로
하필이면 그 언덕이 뭉텅 뭉개져버렸다
황망해진 내 마음은

가을이면 더욱 몸서리치며 앓고 또 앓았다

지천명 끝의 지금도 혼자 길을 갈 때면 자박자박
사진 속 그 사람을 만나러 가던 때로 돌아가곤 한다
그리고 가끔 꿈속에서는 그 언덕에서 처음 본 바다를,
처음 눈 맞은 산국을, 그것들을 보고 눈이 동그래지던
쬐끄만 계집애를 만나곤 한다

하루에 한 번쯤은

다니던 그 길에
마른 꽃 같은 발자국 하나 얹어본다

하마 어디서 시작되었는지
세상엔 슬픈 곡조의 노래가 자욱하다

사람의 길은 가파르고 험하지만
그 길도 가다 보면 희망이 되리니
그 희망을 붙잡고 생각을 푼다
오늘은 사람답게 살아보겠다고 그래야겠다고

그래, 하루에 한 번쯤은 길 하나 만들자
그늘 깊은 생각 속에 새 길 하나 만들자

그늘 깊을수록 바람은 맑다
하마 어디서는 슬프지 않은 노래 흩날리리라

망초꽃

하나이기보다는
어우러져야만 눈길을 받는
그래야 비로소 느낌이 되어
거친 세상을 설레게 하는 너는
너를 말하는 사람들 입에
그 입에 차라리 흐드러져라
너를 두고 떠도는 많은 말들을
무더기 그 꽃 더미에 묻어버려라
봄날 사랑이 아지랑이라면
부끄러운 네 몸짓도 사랑이로다
하얗고 자잘한 그 꽃잎으로
맘 놓고 웃지도 못하는 너를
너를 이제 꽃이라 불러본다

사과나무 아래에서

꽃이 진다고
울지 마라

잃어야만 반짝이는 게
어디
별뿐이랴

프리지어, 너를 안던 날

비가 내릴 것 같은 하늘 이고
은행나무 빈 가로수 길 지나
집으로 가는 마지막 신호등 앞에까지 왔다가는
망설임 없이 오던 길을 되돌아가
프리지어, 너를 한 묶음 건네 안았다

은행나무 빈 가로수 길을 다시 지나
집으로 가는 마지막 신호등 앞에 섰을 때
기어이 빗방울은 떨어지는데
빗방울 한 줄 안경알에 물금을 긋는데
코끝에서는 어머니 분내 향긋하다

나무에게

보내는가 한 생을
누구보다 사랑했던 사랑을
그 찬란했던 인연을

혼신의 말을 쏟아내면서도
상실의 아픔을 알리지 않은 죄
그로 하여 또 고독할 텐데

그러나 나무여
너로 하여 내가 배운 땅 위의 윤리로는
마지막 인연까지,
훌훌 미련까지 다 떠나보내고도
너는 아무렇지 않아야 한다

너의 꿈이 꿈마다 칼바람에 베어지고
나목의 실가지 맨 끝까지 신열이 올라
새카매져 끝내 죽더라도
우리가 다시 만날 수 없더라도

눈이 내리는가

눈이 내리는가
가만히 눈감으면 보이는 그곳
감꽃목걸이 엮어 걸던 마당에
펑펑 눈은 내리는가

겨울 깊은 남녘의 밤
빗소리에 어쩌다 잠에서 깨어
툭하면 눈 내리던 그리운 그곳으로
마음은 7번국도 굽이돌며 파도에 젖는데

까치발로 따먹던 뒤란 앵두나무에도
알감자 썩히던 냇가 징검돌 위에도
눈은 내리는가
밤새워 내려 쌓이는가

감았던 눈을 떠도 보이는 그곳
그리운 그대 눈사람으로 세워놓던
바닷가 언덕, 내 작은 발자국 위에도
함박눈 내려 쌓이는가

이제는 처녀가 아닙니다

지갑을 털린 사람처럼
창가에 서 있습니다

아침마다 불곡사 뒤 솔숲으로 가는 나는,
피자만 한 저 눈송이를 보면서도
차마 입을 귀에 걸 수 없습니다

신부 같은 눈에게
호사스런 마실 길을 빼앗긴 까닭도 있겠지만
눈에 푸욱 잠겼다는 내 고향과
그 덕에 옥살이를 한다는 내 어머니 소식에
가슴에다 고추장을 볶기 때문입니다

눈을 쓰고 세상은 울먹이는데
그래도 눈은 기쁘게 나립니다
이만큼 살아서는
저 눈이 온전한 기쁨이 아니 될 줄 몰랐습니다

온전히 기쁨이던 것이

온전한 기쁨이 아니 된 줄도 모르는 눈은,

이제는 처녀가 아닙니다.

사랑이 깊어진다는 것은

사랑이 깊어진다는 것은
가슴에 쪽물을 들이는 일이다
혼자 감당해야 하는 몫이 늘어
하늘이 되고 바다가 되어야만 하는 일이다

사랑이 깊어진다는 것은
날마다 능소화로 피는 일이다
꽃무덤이 되는 분명함에도
그것이 살아가는 전부인 것처럼

그렇게 스스로를 동여매놓고
달그림자를 따르며
별과 치르는 홀로 의식이다

사랑이 깊어진다는 것은
무거운 돌 하나를 가슴에 달고
보이지 않는 인장 하나 찍는 일이다

어떤 날 · 2
— 2020년 봄날에

그대 얼굴도 못보고
숨도 막히고

사람을 피해 나온 기업사랑공원

세상 일 모르는 척
마냥 푸른 하늘과
자꾸만 꽃 피우는 영산홍이
차라리 얄밉기만 하다

그대 안부를 묻는 일도 잊어버리게 한
다시는 겪고 싶지 않은
이 봄날 오후

엄마 생각 · 1

저무는 해를 안고
꽃 핀 나무 아래 걸어가다가
굽은 다리인 채
앞서가는 그림자 하나 만난 그날,
노을 지던 하늘도
하롱하롱 날리던 꽃잎도
문득 슬픔이 되어
밤새도록
내 가슴엔
꽃 지는 소리만 수북하였다

엄마 생각 · 2

바람이 되었으면 하신다
홀로인 것이 이젠 싫어
어서 별이 되었으면 하신다
지아비 떠나보낸 지 반백년이 지났건만
생각할수록 아직도 너무 미워서
절대 그 옆으로는 안 갈 거라는 말을
이다음 다음에 꼭 해 달라 하신다
귓전에서 떨리던 목소리가
벼락처럼 나를 내리치는 저녁,
낙지볶음 생각에 침이 가득타가
서둘러 양배추 잎을 수북이 쪘다

엄마 생각 · 3

동백꽃 열차에 몸을 실으려다
유채꽃 필 때까지 기다리기로 했다
꽃구경 한 번 실컷 해보고 싶다는 당신을 위해
우리는 그렇게 입을 맞추었다

입을 맞추는 동안
맥 빠진 당신처럼 하늘이 흐려지더니
속보뉴스처럼 소나기가 쏟아졌다

이제 막 피던 봄이 툭 떨어지는데
동백꽃보다 더 붉게 떨어지는데
문득, 당신도, 저렇게 지면 좋겠다
저렇게 지면 좋겠다 뇌인다

꽃구경 한번 실컷 해보고 싶다는 당신을 위해
유채꽃 필 때까지 기다리기로 해 놓고

엄마 생각 · 4

당신을 품고
빗속에 서 있습니다

비를 맞으면 어떻습니까
당신이 있는데요

젖은 나무처럼 된다 한들 또 어떻습니까
눈감아도 환한 당신이 내 안에 있는데요

바다는 잠시 잊겠습니다
아니 그냥 거기에 두겠습니다
바닷가 그 언덕도 잠시 잊겠습니다
당신만 생각하기에도 바쁘니까요

제4부

무엇이었다가 나는

가야만 하는 길

내 가 닿을 곳 어디일지라도
내 가야만 하는 길이라면 주저 없이
나는 또 가겠습니다
알 수 없는 설움에
울컥 가슴이 북받쳐 오르더라도
가지 않으면 안 되는 길이라면
눈 밝히고 귀 밝히고 가겠습니다
혹시 하는 염려 따위 하지 않고
한숨 따위 더군다나 짓지 않고
떠오르는 그의 평온한 얼굴
사랑을 위해 사랑하리라는 그의 진정을 믿으며
서두르지 않고 총총 가겠습니다
내 가 닿을 곳 설령 벼랑 끝이라 해도
내 주머니 속 구겨진 종소리를 만지작거리며
간간이 불어오는 실바람, 그
간지러운 실 같은 바람결에
살짝이라도 내 볼이 붉어지면 좋겠다는
아주 조그마한 꿈도 꾸며
그렇게 총총

그림자

내가 걸으면 따라 걷고
내가 앉으면 따라 앉으면서
오늘처럼 서럽게 노을 저무는 날
강둑에 서고 싶은 것은 알지 못하는

내가 손을 내밀면 따라 내밀고
내가 비틀거리면 따라 비틀거리면서
술 한 잔이 간절한 만큼
먼 데 사람을 그리는 것은 알지 못하는

내 손이 얼었는지
생손을 앓는지
문득 더워진 욕망도 미처 모르는
저, 목석같은 이

누구에게 무엇이었던 적이 있는가

나는 누구에게
밤새 내려 쌓인 눈처럼, 노을처럼
더불어 사는 누군가의 삶에
아름다운 배경이 되어준 적이 있는가
누구를 진정 빛나게 해준 적이 있는가

나는 누구에게
흩날려 가는 꽃잎처럼, 징검다리처럼
더불어 사는 누군가의 삶에
아름다운 인연이었던 적이 있는가
그런 때가 내게 정녕 있었던가

오늘도

대숲 바람소리 끊이지 않는
어스름 저녁 답,
맞이할 것 하나 없는 창 안에서
아무것도 되지 못한 나를 또 변명한다

철길이 철길로 걸어가는 것은
그 길이 끝나는 어디쯤에서
다시 만나리라 굳게 믿기 때문이라는
내 가난한 찻잔의 수런거림을
한 번 더 믿어주자 하면서
오늘도 희망을 내팽개치지 않기로 한다

절망은 항상 거무스레하지만
빗물에 씻기며 가는 어디쯤에서는
반드시 말갛게 되리라는
내 가난한 찻잔의 수런거림에
한 번 더 속아주기로 마음먹으면서

안 부

쪽물 든 하늘 아래
갈수록 작별은 빛나고
우리들 가슴은 유리잔이 되고
안 그래도 쓸쓸한데
풀이란 풀 다 말라
차마 아쉽고 그리웁다

어느 날, 어쩔 수 없이 흩날리울
갈잎 같은 사람아
시린 달빛에 억새꽃 몸져눕더라도
부디 따라 눕지 말기를

산다는 것은

산다는 것은
길을 걷는 것이다

걸으면서
꽃도 보고 나무도 보고
어느 날 비 내리고 바람이 불면
비바람에 젖은 채 흔들리다가
한 아름 햇살이 쏟아지는 날에는
목젖이 보이도록 웃는 일이다
더러는 또 그렇게 우는 일이다

기다려본 사람은 안다
별은, 빛나지 않아도 별이라는 걸

산다는 것은
무언가를 손꼽는 것이다
손꼽아 견디면서
먼 길을 가는 것이다

욕 심

유난스럽지 않으면서 각별할 줄 알고
말을 앞세우기보다는 소홀하지 않고
빨리 끓기보다는 더디 식으며
뛰어나기보다는 단아한
그래서 속을 들켜도 부끄럽지 않은
그런 사람으로 살았으면

그런 사람으로 살며
날마다 봄날은 아니더라도
날마다 가을하늘 같지는 않더라도
그 중에 환한 날이 조금 더 많아
스스로 초라하지 않았으면
그렇게만 살았으면

편견

그들이라고
정답게 부를 이 아주 없으랴

꼬끼오 야옹야옹 꿀꿀거리며
깊어진 사랑을 속살거리거나
간밤, 뉘 집 고방에서 횡재했다거나
건너 마을 젊은 과수댁 밤나무 아래로 가더라거나
가슴 간지러워 도무지 참을 수 없는 것들로
찍찍거리며 한바탕 자지러지기도 할 텐데

울기만 하랴
그들이라고 허구한 날
울기만 하랴

체 념

네가 오리라는
질긴 믿음 하나만으로
약속도 없이
기다림에 여념이 없던
길 위에서

저만치 오는 너였다가
네가 아닌 채 지나가버린 후
빗방울마다 너의 얼굴 아프던
그 길 위에서

눈을 감았든가
침을 삼켰든가

하루를 보내며

내게로 왔던 것들 또다시
어디쯤으로 보내야 할 시간
어둠은 도둑처럼 와 있지만
나는 아직 등불을 밝히지 않았다
바람 없는 저녁,
한낮의 탐욕 때문인가
무엇이 나를 이리 흔들어대는가
무수한 관념 속으로 빠져들기 전에
등불 하나 밝혀야 한다
아직 남아 있는 이별을 위한
갈수록 물 깊어지는 가슴을 위한
신앙 같은 등불 하나 밝혀야 한다
서럽지 않은 그 불빛에 기대
저문 하늘을 바라보리니
그때, 모든 흔들리는 것들은
스스로 아름다우리라

희망가 · 1

햇살이고 싶어라.
모든 것이 얼어붙어
세상마저 사라질까 두려웠던 밤
캄캄했던 하늘 그곳에서 나 쏟아지고 싶어라

쏟아져 내려 무수히 쏟아져 내려
내 어머니 품속같이 쏟아져 내려
마침내 물결 위로 무참히 부서진대도
좋아라, 나는 좋아라

애타게 기다린 그날,
참았던 그 많은 눈물들이
잠시라도 찬란할 수만 있다면

혹시나 꿈속이어도
그때가 지금이라면
지금이 봄이라면

희망가 · 2

눈을 뜬 아침 창가에서
앓던 꿈자리 먼지 털 듯 털어내다가
저만치 삼동을 나는 소나무를 본다

삭아야만 제맛이 난다는 인생에서
이만큼을 살고도 아직 맛을 못 내는 나는,
나는 저 소나무가 부럽기만 하다

땅에 뿌리 내리기는 했지만
땅보다는 허공이 더 살 만하다는 듯
말 달리는 바람에도 끄떡없는
저 늙은 소나무가 다만 부럽다

나도 저 허공에서
무엇에도 끄떡없이 살고 싶다

희망가 · 3

이 세상 많은 사람들이
누군가의 지지 않는 태양이고 싶다지만
나는 그 누군가가 걸어가는 밤길에
엷은 달빛이어도 좋겠다

이 세상 많은 사람들이
누군가에게 시들지 않는 꽃이 되고 싶다지만
나는 그 누군가의 곁에서
은은한 향기라도 좋겠다

그리고 또 많은 사람들은
누군가의 가슴이 바다 같기를 원하지만
나는 그 누군가가
내 마른 가슴을 적셔주는 빗물이어도 좋겠다

그 빗물에 내 가슴이 젖고 젖어
마침내 어느 날 홍수 진다 하면
누군가 건너야 하는 징검다리
나는 그 맨 마지막 돌이라도 좋겠다

무엇이었다가 나는

내 안에는
나도 모르는 내가 살고 있다

꽃이었다가
가랑잎이다가

솜털이었다가
뚝배기이다가

눈빛 순한 양이었다가
풀섶의 살모사였다가

오늘처럼
깨어진 유리잔이다가

제5부

수제비

가로등

날이 저물면
별보다도 먼저 불을 밝히어
연인처럼
정인처럼
내 불면의 밤을 지켜준다

눈이 내리는 것과
꽃이 피는 것과
아름답게 혹은
슬프게 너를 스쳐 떠나가는
세상 모든 것들을 지켜보는

너는, 한 그루 겨울나무다

추 억

가장 아름다운 모습으로 남아
눈물 흘리면서
웃게 하는
생각의
실타래

수제비

윤칠월 늦더위가 한창이던 그날은
비가 추적이다가, 해가 나왔다가
여자의 하나 아들이 늦은 볼거리를 앓던 것 말고는
세상은 무사한 일요일이었다

한낮 목욕탕에서 돌아온 여자는
수제비가 먹고 싶다고 하였고
그날따라 반죽은 매끄러워서
우리에게 더없는 성찬이 되어주었다
그때까지도 세상은 평화로웠다

거기까지였다
전쟁터에 지아비를 바치고
수십 년 가슴에서 총소리 끊이지 않던 여자는
날갯짓도 없이 날아 가버렸다

솔숲은 더 이상 푸르지 않았다
솔방울 떨어지는 소리에도 숨이 멎었다
숱한 날 다시 비가 추적이다가, 해가 나왔다가 했지만

누구도 그날의 성찬을 입에 올리진 않았다

더러는 속풀이 겸 치대어 끓이던
여자의 이 세상 마지막 음식

그날 하늘로 날아오른 것은 새뿐만은 아니었다

저구마을에서

수국이 무리지어 있는 길을
우산도 없이 걸어갑니다

마른 땅 위에 빗방울들이 뛰어다니고
파리해 가던 수국들은 일제히 춤을 춥니다

하늘은 어두워도 길은 밝아서
저만치 내 지나온 길이 보입니다

나는 누구를 춤추게 했던 적 있었는지
누가 나를 춤추게 해준 적은 있었는지

바다는 침묵하고
파도는 내 발목에 철썩이는데

굽어진 그 길에
고스란히 젖고 있는 물음표들,

장마

한참을 울어본 사람은 안다,
그렇게 울고 난 후의 가슴의 무게를

하늘인들
가슴 비워야 할 일이
하나 둘일까
……

입추 즈음에

이 여름을 나는 그냥 보낼 수 없습니다
나뭇잎들 사이로 찾아올 바람의 이야기를
마저 들어주어야 하기 때문입니다
연녹색 이파리들이
어린 것들 잇몸에 돋아나는 그것처럼 돋아날 때
우리는 얼마나 즐거워했습니까
머지않아 기다리던 바람이 오고
그가 싣고 온 이야기들이 숲에 퍼지면
저 흔들려야 아름다운 것들의 생애가
마침내 불타오르겠지요.

이 여름을 그냥 보낼 수 없는 또 하나는
사람들이 함부로 짓밟은 풀포기들에게
눈길 한 번 더 주어야 하기 때문입니다
절망을 모르는 그들을 보며
우리들 중 누군가도 절망을 버렸을 테지요
낮고 그늘진 곳에 내 눈길 하나라도 더 가 닿아
그동안의 섭섭함에 작은 위로라도 된다면
다시 새 봄풀로 일어서서

누군가의 가슴에 뿌리 내리겠지요
그렇게 또 누군가의 희망이 되어주겠지요.

일탈 · 1
— 5월, 어느 날에

오늘만 같아라.

뼈저린 절망도
곱씹던 미움도
아무것도 아닌 것이 되어버린
쇠점골*에서

어쩌노,
그대 눈물겹다 해도
나는 이렇게 행복한데

---

*쇠점골 : 밀양시 산내면 시례 호박소 아래에서 석남터널까지 4km 거리 의 계곡.

일탈·2
— 어느 가을날에

함께 벗고 누웠던 그 자리에
마른 술잔만 있고 내가 없거든

저어기 다솔사多率寺*
홍단풍에게로 간 줄 알라

해 저물어도 이 몸 아니 오거든
거기서 불붙은 줄 알라

젖으면서 그래도 불꽃을 날름거리며
활활 타오르는 줄 그리 알라

*다솔사 : 경남 사천시 곤명면 용산리 소재.

관음증

나뭇잎에 가려진
그대의 창

나뭇잎 지고
불을 켜면

언뜻언뜻 비쳐질
그대 그림자

가을이면 도지는
이 몹쓸 병

낙엽 · 1

이쯤에서 안녕을 하자.

지나가는 길에
우리 잠시 눈 맞았을 뿐

그러니까 잡기 없기

가는 곳도 묻기 없기

눈물 훔치기는 더더욱 없기

낙엽 · 2

저 가을 초목 아래
흥건히 피 흘리며 누운
저들은 누구인가

삶의 한때
불가마 같은 가슴이게 하던
첫사랑의 연인 그대마저도
기어이 등 떠밀려 쓰러졌는가

영원을 꿈꾸었을 청춘이여
어리석음이여

모든 것 다 버리고 또 잃었어도
오던 그 길만은 기억해야 했다
짙푸르던 탐욕에 눈이 멀었었어도

겨울나무의 변

그대 떠난다고 했을 때
차마 손 흔들지 못하고
안으로 참고 참았다

참고 참으며
눈물만 자꾸 삼켰더니
내 눈은 퉁퉁 불어버렸다

누가 볼까 봐
먼저 온 봄바람에도
얼굴 내밀지 못하고 돌아앉아

이 설움 환하게 밝혀 줄
더 먼 훗날, 보란 듯이 힘줄 시퍼렇게 세울
그날만 손꼽고 또 꼽았다

바람의 길

나는 오늘도 세상 밖으로 나섭니다

뙤약볕 아래 갈증을 참고 가는 민달팽이나
저 기막힌 매미들의 사연을 들으면서
전설의 그 마을로 가는 징검다리로 가봅니다
그러나 이 다리도 성큼 건너갈 수 없어
마지막 돌 위에 앉아
흐르는 물에 발 담그고
물위에 떠 오는 나뭇잎과 물잠자리와 누군가 버린
한숨 같은 조약돌의 그 하얀 눈과도 눈을 맞춥니다

해와 달과 별이 지켜보던
젖은 그들의 이야기를 신발 끝에 달고
저만치 낮은 언덕으로 내려갑니다
다닥다닥 서로 얼굴을 맞대고 있는 작은 꽃잎들
평생 이름 한번 불리지 않아도
소망 없이 피는 꽃이 어디 있을까요

붙여진 이름들 부르고 또 부르면

버려진 한숨 같은 것들도 잠언처럼 푸르러지겠지요
그 맑은 혼을 앞세우고
들판 저 끝 키 큰 미루나무에게로 다가갑니다

가지마다 무성한 잎사귀들 흔들려
마침내 이룩되는 한 생애여!

오늘은 여기서 신발을 벗고 싶습니다만
그대에게 마음 들켜 가슴에 폭풍 일기 전에
약속처럼 저 산자락을 돌아나갈까 합니다

징검다리

내가 받은 유산이라면
사철 부동의 마음으로 사는 일

불어난 물가에서
버들잎 같은 목숨들 아우성쳐도
큰물 지나도록 기다리는 일

바람이 들려주는 잡다한 세상소리에도
물속에서 다만 침묵하는 일

초록과 단풍과
함박눈에 흠뻑 빠지는 마을 풍경과
나를 밟고 지나간 사람의
눈물겨운 흔적까지 지켜줄

꿋꿋한 정신의 마침표가 되는 일

평설

세상 밖의 삶,
수제비와 징검다리

공영해

평설

세상 밖의 삶, 수제비와 징검다리
— 김효경 시인의 시세계

공영해 시인

나뭇잎 한 장의 외로움들

아무
소용없는
상한 나뭇잎
한
장

— 〈외로움〉 전문

보인다, 김효경의 "외로움"이 시가 되어 한 장 한 장 포개어져 시집 《기억들은 모두 꽃이 되었다》로 꽃피게 될 것이. '외로움'도 때로는 약이다. 시를 낳기 위해 새벽까지 '나'와 싸워 이겨내는 작

업은 아무나 하는 것이 아니다. 시인은 철학자요 장수요 의학자이며, 때로는 화가요 소리꾼이요 사랑 전도사이다. '외로움'이 왜 소용없겠는가. '외로움'은 시인을 시인으로 단련케 하는 에너지이다. "소용없는/ 상한 나뭇잎"은 아이러니. '외로움'은 시인에게 반드시 있어야 할 무형의 자산이고 또 그것은 상하지 않을 정신의 결과물을 낳는다. 시인은, '외로움'이라는 무형의 정서를 '나뭇잎/ 한 장'으로 그려 독자들과 시선을 공유한다. 은유의 말 부림이 깔끔하며 시를 대하는 시인의 겸손까지 엿볼 수 있다. '외로움'은 "울먹이는 우리 두 빈 가슴", "열병에 신음하는 뜨거운 입술"(〈가을 저녁의 시〉)이 "가랑잎"으로 형상화 되듯 김효경의 〈외로움〉은 '나뭇잎 한 장'의 시를 낳는다.

  문학의 진수는 시. 시는 언어 예술의 꽃이다. 꽃의 빛깔과 향기는 아름답다. 시의 아름다움은 수용자들이 평가한다. 어떤 갈래의 예술이든 수용자들의 기호를 외면해서는 아니 된다. 읽혀지는, 읽는 재미를 누릴 수 있는 시를 독자들은 원한다. 시집이 독자들에게 푸대접 받는 것은 읽는 재미가 없기 때문이다. 사실 요즘 시가 너무 어렵다 한다. 35년 동안 문학 지도를 해 온 필자이지만 아무리 곱씹어도 도저히 이해하지 못할 시를 너무 많이 만난다. 그런 시를 외면한다. 어려우니 외면하는 것이다. 나는 생각한다. 시가 어려워야 할 이유는 없다고. 난해하지 않은, 누구나 읽고 감동을 얻을 수 있는 그런 시, 시집을 독자들은 바란다. 김효경의 시 〈외로움〉은 그런 의미에서 눈길을 끈다.

  김효경은 창원을 중심으로 시작 활동을 하는, 좋은 시의 보급을 위해 낭송인으로도 활동하는 시인이다. 선생님 되기가 소원이던 김효경은 사회적 제약으로 교사가 아닌 시인의 길을 걷게 된다. 가슴 속에 묻어 둔 서정의 세계를 착실하게 가꾼 끝에 2007년 《문학세계》를 통해 당당히 등단한다. 등단 13년 만에 첫 시집 《기억들은 모두 꽃이 되었다》를 펴냄에 시를 대하는 그의 진중함이 성급한 시속의 무리와 달라 미덥고 유쾌하다. 그럼에 글눈 어두운 둔필의 나를 그래도 믿고 평을 청하니, 그의 삶과 문학을 가까이서 지켜보던 인연도 인연이지만 그에게 진 마음의 빚을 갚아야 겠기에 고마이 붓을 든다. 혹 시간에 쫓겨 생각에 무리가 있을까 염려가 됨을 밝히지 않을 수 없다.

 《기억들은 모두 꽃이 되었다》를 읽기 전에 우리는 시인의 문학 외적 세계를 먼저 만나야 한다. 김효경의 사회활동 중 빼놓을 수 없는 것은 창원문인협회와 경남문인협회의 사무 일체를 맡아 오랫동안 봉사한 일이다. 김효경은, 신속 정확한 업무 처리로 회원들에게 무한 신뢰와 사랑을 한몸에 받아온 시인이다. 일 추진에 틈이 없으니 결과 또한 당연하였다. 또 있다. 김효경은 시인이기 이전에 시를 정말 사랑하는 낭송인이기도 하다. 아름다운 시의 보급을 위해 그는 '창원낭송문학회'를 만들어 좋은 시 알림이로 앞장서는 리더이다. 훌륭한 낭송가가 되기 위해서는, 정확한 발성과 연기력을 숙지 후 시에 대한 감각, 낱말 하나하나의 색깔과 울림, 그리고 시어와 행간 사이에 감도는 정서나 여운을 먼저 느껴야만 한다. 낭송가로서 김효경은 '엄지 척'이다. 이제 우리는 낭송 시인 김효경의 《기억들은 모두 꽃이 되었다》로 들어가 시인이 그려내고 있는 세계들을 만날 차례이다.

바람의 정체, 그 길을 찾아

　시인의 수가 해마다 수백 명이 늘어나는 현상은 문학 인구의 확장 내지 시의 대중화라는 점에서는 바람직하겠으나, 현대시의 난해함이 독자를 확보하는데 부정적인 요소가 되면서 서서히 시가 독자들로부터 외면당해 온 반면 문자 중심의 문화가 시각과 청각을 중시하는 문화로 다변화되면서 종이책 속에 갇혀 있던 시들이 낭송이라는 새로운 패러다임으로 주목받고 있음을 우리는 알고 있다. 김효경의 시를 읽다보면 저도 모르게 소리 내어 읽고 싶은 시편들을 만나게 된다. 의미를 따라 읽지 않아도 소리 속에 그림이 그려진다. 유장하고 때로는 장쾌, 통렬하다가도 애조 띤 그리움의 목소리를 만나기도 한다. 가락에 익숙해지면 물잠자리 나는 맑은 시냇물과 징검다리를 건너 찔레꽃이 피고 살구가 익어가는, 바다를 가까이 둔 고향마을을 만나기도 한다. 공간적, 시간적 배경이 낯설지 않아 금방 시 속으로 우리는 빠져들게 된다. 그래서 김효경의 시는 읽기에 편하고 재미가 있다. 김효경 시는, 몇 번이나 비틀어 생각을 낯설게 한 요령부득의 그런 시가 아니다.
　표제시 〈기억들은 모두 꽃이 되었다〉를 먼저 본다.

　　　눈을 감으면
　　　서늘히 다가오는 것들 모두
　　　꽃이 되는 지금,

　　　나는

새 잎눈 터지는 소리보다 더 들뜬 목소리로
내 귀를 멀게 한 당신을 부릅니다

그렇게 당신을 다시 부르면
어느 먼 물가에 수선화 뿌리 내리는 소리,
먼 하늘가에 노을 물드는 소리,
그리고 아득한 지평선을 넘어오는
아지랑이 발걸음 소리 같은
바람의 소리들을 들을 수 있을까요

그러면 묻어두었던 당신의 뾰족한 물음에
바람의 소리로 대답하겠습니다
서늘해진 우리 기억들
지금은 모두 꽃이 되었다고

― 〈기억들은 모두 꽃이 되었다〉 전문

위의 시에서 우리들은 우선 "꽃"을 주목하게 된다. 1연에서 "눈을 감으면/ 서늘히 다가오는 것들 모두"가 '꽃'이 된다고 하였다. '꽃'은 우리들 기억 속에 있는 경험의 축적물을 수용할 수 있는 정신세계, 또는 그 추상적 미학이다. "서늘히 다가오는 것들"은 기억, 간접이든 직접이든 기억의 양은 측정할 수 없는 메가mega이다. '서늘히 다가오는' 기억은 무형의 질량이다. 물질화되지 않은 무형의 '꽃'이다. '지금'은 시간적 배경이며 화자는 '나'. 생생한 현장감을 준다.

2연에서 '나'는, "내 귀를 멀게 한 당신"을 부른다. '당신'은 내 귀까지 멀게 하였으니 이는 당신에 대한 나의 절대적 믿음의 암시이다. 그러하니 나는 '당신'을 부를 때 목소리가 들뜰 수밖에. "새 잎눈 터지는 소리"는 인간의 청각으로는 들을 수 없는 소리이다. 그러나 '새 잎눈 터지는' 그 생명 탄생의 경이로운 소리를 시인의 귀로는 들을 수 있다. 심리적 환청이다. '새 잎눈 터지는 소리'는 봄의 시작을 알리는 신호이다. 측정 불가능의 데시벨decibel이지만 시인은 반갑고 "들뜬 목소리"를 시각적 영상미로 보여 준다. 3연에 와서도 소리의 실체는 심리적으로만 측정 가능하다.

 '들뜬 목소리'로 당신을 부르면 만날 수 있는 소리의 실체가 궁금하다. 시인의, 섬세한 소리의 기억이 영상의 꽃을 피우며 다가온다. "어느 먼 물가에 수선화 뿌리 내리는 소리/ 먼 하늘가에 노을 물드는 소리/ 그리고 아득한 지평선을 넘어오는/ 아지랑이 발걸음 소리 같은" 그런 "바람의 소리"에 대한 실체가 화자는 궁금한 것이다. 섬세한 감각의 결을 시인은 소리로 밝히고 싶은 것일까. 마지막 4연 1행의 '당신'은 '나'를 지칭한다. 시인은 '나'의 "뾰족한 물음"에 대한 당신의 대답으로 생각의 여운을 남겨 놓는다. '뾰족한 물음'이란 '의외의, 뜻밖의, 날이 선 물음'일 테다. '바람의 소리'를 듣고 싶어 하는 화자에게 '당신'은 '바람의 소리'로 대답한다. "서늘해진 우리 기억들/ 지금은 모두 꽃이 되었다고". '바람의 소리'가 궁금하다. '바람'이란 '바라다'의 명사형? 우문愚問일 테다. 합쇼체는 독자에 대한 예의일 테지만 창의적 사고의 깊이를 방해할 수도 있지 않을까 싶다. 새 생명의 신비로운 기운, '기억의 꽃'으로 핀 '바람의 소리'는 작금의 코로나 바이러스도 비켜가겠다.

이어서 시 〈바람의 길〉을 만나본다. '바람'은 '나'의 분신이다.

나는 오늘도 세상 밖으로 나섭니다

뙤약볕 아래 갈증을 참고 가는 민달팽이나
저 기막힌 매미들의 사연을 들으면서
전설의 그 마을로 가는 징검다리로 가봅니다
그러나 이 다리도 성큼 건너갈 수 없어
마지막 돌 위에 앉아
흐르는 물에 발 담그고
물위에 떠 오는 나뭇잎과 물잠자리와 누군가 버린
한숨 같은 조약돌의 그 하얀 눈과도 눈을 맞춥니다

해와 달과 별이 지켜보던
젖은 그들의 이야기를 신발 끝에 달고
저만치 낮은 언덕으로 내려갑니다
다닥다닥 서로 얼굴을 맞대고 있는 작은 꽃잎들
평생 이름 한번 불리지 않아도
소망 없이 피는 꽃이 어디 있을까요

붙여진 이름들 부르고 또 부르면
버려진 한숨 같은 것들도 잠언처럼 푸르러지겠지요
그 맑은 혼을 앞세우고
들판 저 끝 키 큰 미루나무에게로 다가갑니다

가지마다 무성한 잎사귀들 흔들려
마침내 이룩되는 한 생애여!

오늘은 여기서 신발을 벗고 싶습니다만
그대에게 마음 들켜 가슴에 폭풍 일기 전에
약속처럼 저 산자락을 돌아나갈까 합니다

― 〈바람의 길〉 전문

〈바람의 길〉은 중의적 의미를 담고 있다. '바람이 가는 길'이면서 '어떤 일이 이루어지기를 바라는, 소망의 길'임을 우리들은 끝까지 놓치지 않아야 한다. 1연에서 '바람'은 '나', '나'는 오늘 '세상 밖으로' 나선다. 시인에게 '세상 밖'이란 새롭고 경이로운 체험의 세계이다. 바람의 숙명은 정처 없이 떠도는 것이다. 정처에 안주하지 않고 항상 새로운 세계와의 만남을 추구하는 것. 이것은 새로운 세계를 창조하기 위한 화자의 소재 탐색과도 같은 것. 도전에의 약속이다. 그래서 '나'는 세상 밖으로 나간다.

2연에서, '세상 밖'의 상황은 뙤약볕. 고행 중인 '민달팽이'와 '매미들의' 기막힌 사연까지 만나며 "전설의 마을"로 향한다. '전설의 마을'이란 "징검다리" 건너 있는 초월적 세계이다. 쉽게 닿을 수 있는 마을이 아니다. 바람은 '징검다리'의 "마지막 돌 위에 앉아" "물에 발 담그고" "물위에 떠 오는 나뭇잎과 물잠자리와" "한숨 같은 조약돌의 눈과도 눈을 맞"춘다. '나뭇잎', '물잠자리', '조약돌'은 기억의 잉여물로 동화적 관심을 높여 주고 있다. 3연에서 "해와 달과 별이 지켜보던/ 젖은 그들의 이야기를 신발 끝에 달고" '마지막 돌'을 떠나 "저만치 낮은 언덕으로 내려"간다. '낮은 언덕'은 '전설의 마을'이 있는 곳. '평생 이름 한번 불리지 않아도' '다닥다닥 서로 얼굴을 맞대고 피는 작은 꽃'들의 마을이다. 꽃들의 소망은 타자가 부르는 제 이름을 듣는 것. 4연에서 바람은 이 꽃들의 이름을 불러 주어 존재의 의미가 된 꽃들과 함께한다. 바람의 길은 이 꽃들과의 동행으로 이루어진다. 꽃들의 '맑은 혼'을 앞세우고 바람은 마침내 미루나무에게로 다가간다. '키 큰 미루나무'는 바람이 도달할 수 있는 세계로, 지고의 경지를 내포한다. 5연을 본다. 미루나무를 만난 바람은 미루나무 가지의 "무성한 잎사귀들"의 흔들림을 확인하게 된다. 바람은 끊임없이 새로운 세계로 움직이지만 그 움직임을 스스로 발설하지 않는다. 흔들리는 것은 '미루나무 잎사귀들'이지 바람이 아니다. '미루나무 잎사귀'를 통해 제 모습은 보이지 않으면서 '바람'은 바람의 길을 보여 준다. 미루나무 잎사귀의 반응은 바람의 길의 완성이다. '잎사귀'의 반응을 "마침내 이룩되는" 바람의 "한 생애"라 하지만 바람의 길이 끝나지 않을 것임을 예감해야 한다.

6연에서 '나'는 "오늘은 여기서 신발을 벗고" 정처 없는 이동을 마무리하려 하지만 "그대에게 마음 들켜 가슴에 폭풍 일기 전에" 또 다른 세계를 향해 떠날 것이라 하고 있다. '미루나무 잎사귀'나 흔들며 현실에 안주하지 않겠다는 화자의 내면 의식을 '바람'의 속성을 빌어 노래하고 있다. "다닥다닥 서로 얼굴을 맞대고 있는 작은 꽃잎들"의 '맑은 혼'과 동행하며 때로는 "가슴에 폭풍" 이는 날이 있어도 좋겠다.

햇볕의 그늘, 수제비와 양배추 잎

때 없이 펄럭거리는 나를 데리고
숨 막히게 쏟아지는 햇볕의 그늘에
덕아, 나는 섰다

하늘 아래 이처럼 아늑한 곳 어디 있던가
내 생애 이처럼 빛 밝은 날 또 있던가

유장한 마음 따위 없어도 좋다
우리의 깨알 같은 이야기를 물어 나를 벌 한 마리,
꿀벌 한 마리만 있어도 좋을

어디서 곱지 않은 구름과 바람이 와도
차라리 그것들 벗 삼아
새처럼 재재거릴 반려伴侶의 숲으로

와서는 반갑다 눈물 흘려도 좋고
목젖이 붓도록 웃어도 좋을
이 숨 막히게 푸르른 그늘로
덕아, 너를 부른다

— 〈여름날의 숲〉 전문

〈여름날의 숲〉은 '그늘'이다. 이 시에서 '그늘'은 삶의 활력을 제공해 주는 내면의 보금자리이다. 일반적으로 '그늘'은 부정적 이미지로 이해되는 시어이지만 이 시에서 만나는 '그늘'은 어둡고 음습한 이미지가 아니다. '펄럭이는', '쏟아지는', '아늑한', '밝은', '유장한', '좋을' '재재거릴', '푸르른' 등 꾸밈말의 분위기로 보아 '그늘'은 밝고 싱그러운 공간적 배경으로 우리들의 눈길을 끈다.

1연을 본다. 서술자는 '나'이고 대상은 '덕'이다. 1행의 '나'는 내면적 자아이며 3행의 '나'는 화자 자신, 실제적 자아이다. '때 없이 펄럭거리는 나'는 새로운 세계를 향한 화자의 내적 갈망을 깃발로 형상화하여 그 갈망이 이루어질 수 있음을 넌지시 '데리고' 간다. 2행 "숨 막히게 쏟아지는 햇볕의 그늘"이란 성취의 기쁨이 담긴 삶의 터전, 곧 이상적 세계이다. '햇볕의 그늘'은 상반된 이미지의 충돌로 '그늘'의 긍정적 환희를 감각적으로 보여준 비유어이다. 3행에서 화자인 '나'는 대상인 '덕'에게 명쾌히 선언하고 있다. '덕'은 누구인가?

1연에서 시인은 눈 밝은 독자들에게 시를 풀 열쇠를 살짝 쥐여 주고 넘어간다. '햇볕의 그늘'에서 우리는 자기만족에 빠진 화자의 모습을 만났다. 2연을 본다. "하늘 아래" 이보다 더 "아늑한 곳"은 없었고 그의 생애에 "이처럼 빛 밝은 날" 또한 없었다 함은 과장적, 설의적 진술로 그가 택한 공간에 대해 우리들의 동의를 구하는 태도이다. 그늘에 대한 만족의 떠벌림이 이와 같으니 물각유주物各有主에 달리 무슨 욕심이 있으랴.

3연을 본다. 1행 "유장한 마음 따위 없어도 좋다"니? 설마? '유장한 마음'도 사치일까? '유장하다'는 말은 '여유가 느껴지게 느릿

하고 편안하다'는 뜻인데. 엄살떠는 것은 아닐 테고. 해이해지려는 마음을 가편加鞭하려는 것일 테다. 2, 3행을 본다. "우리의 깨알 같은 이야기를 물어 나를 벌 한 마리,/ 꿀벌 한 마리만 있어도 좋을"에서 '우리'는 화자와 '덕'일 테다. '깨알 같은 이야기'는 아기자기 살아가는 밀원의 삶 같은 것. '꿀벌 한 마리만 있어도 좋을' 소박한 삶의 이야기를 화자는 들려준다. 물질주의적 삶이 아닌 소박한 전원의 생활이다.

4연은 또 어떤가. "곱지 않은 구름과 바람"은 훼방꾼이며 '구름과 바람'은 자연의 대유. 소박한 삶을 시샘하는 '구름과 바람'이 와도 화자는 "차라리 그것들 벗 삼"아/ 새처럼 재재거"린다 하니 물아일체의 삶 아닌가. '반려의 숲'은 수용적 의미. 구름, 바람, 새 그리고 화자와 '덕'과의 일체감을 보여 주는 주제어의 역할을 톡톡히 하고 있다.

마지막 연은 군더더기. 긴장감을 풀어주는 보너스이다. 낭송하기 딱 좋을, 박두진 풍의 눈물과 웃음은 건강미가 넘친다. 보너스에 건강미 넘치는 "푸르른 그늘"이 있다면 누군들 달려가지 않으랴. 시 〈여름날의 숲〉은, 새로운 세계를 향한 화자의 내면적 갈망을 '햇볕의 그늘'을 찾음으로 이에 만족하며 물각유주, 안빈낙도, 물아일체의 동양적 사유를 현대적으로 풀어 쓴 작품이다. '덕'은 화자의 '반려'일 테다. 어조가 활달하고 남성적이며 특히 어휘의 중복은 '덕'과 함께 살겠다는 의지의 확인이다.

이제 〈수제비〉에서 "이 세상 마지막 음식"을 먹고 새처럼 "하늘로 날아오른" "여자"의 아픈 삶을 만나 본다.

윤칠월 늦더위가 한창이던 그날은
비가 추적이다가, 해가 나왔다가
여자의 하나 아들이 늦은 볼거리를 앓던 것 말고는
세상은 무사한 일요일이었다

한낮 목욕탕에서 돌아온 여자는
수제비가 먹고 싶다고 하였고
그날따라 반죽은 매끄러워서
우리에게 더없는 성찬이 되어주었다
그때까지도 세상은 평화로웠다

거기까지였다.
전쟁터에 지아비를 바치고
수십 년 가슴에서 총소리 끊이지 않던 여자는
날갯짓도 없이 날아 가버렸다

솔숲은 더 이상 푸르지 않았다
솔방울 떨어지는 소리에도 숨이 멎었다
숱한 날 다시 비가 추적이다가, 해가 나왔다가 했지만
누구도 그날의 성찬을 입에 올리진 않았다

더러는 속풀이 겸 치대어 끓이던
여자의 이 세상 마지막 음식

그날 하늘로 날아오른 것은 새뿐만은 아니었다

— 〈수제비〉 전문

위의 시는 한 여자의 갑작스러운 죽음을 서사의 뼈대로 한 작품이다. "하나 아들"을 둔 '여자', 한낮 목욕탕에서 돌아온 '여자', 수제비가 먹고 싶다고 한 '여자', 전쟁터에 지아비를 바친 '여자', 그래서 수십 년 동안 가슴에서 총소리가 끊이지 않던 '여자', 이 세상 마지막 음식으로 수제비를 먹은 '여자', 날갯짓도 없이 새처럼 하늘로 날아간 이 '여자'가 중심인물이다. 그런데 우리는, 알고 보니 수제비를 먹고 죽은 여자가 평범한 여자가 아님을 알게 된다. 남편의 전사로 수십 년 동안 가슴에 지울 수 없는 아픔을 품고 살다가 사망한 '여자'는 전쟁미망인이다. '여자'의 죽음을 통해 우리는 민족사의 비극을 만나게 된다. 그래서 우리는 "솔숲은 더 이상 푸르지 않았다/ 솔방울 떨어지는 소리에도 숨이 멎었다/ 숱한 날 다시 비가 추적이다가, 해가 나왔다가 했지만/ 누구도 그 날의 성찬을 입에 올리진 않았다"는 4연의 무거운 울림에 고개 숙인 죄인이 된다.

"그날 하늘로 날아오른 것은 새뿐만은 아니었다"는 마지막 연에서 우리는 '여자'의 명복을 비는 화자의 소망을 만난다. '하나 아들'의 어머니인 '여자'는 우리 모두의 어머니이다. 시인의 사모곡을 본다.

바람이 되었으면 하신다
홀로인 것이 이젠 싫어

> 어서 별이 되었으면 하신다
> 지아비 떠나보낸 지 반백 년이 지났건만
> 생각할수록 아직도 너무 미워서
> 절대 그 옆으로는 안 갈 거라는 말을
> 이다음 다음에 꼭 해 달라 하신다
> 귓전에서 떨리던 목소리가
> 벼락처럼 나를 내리치는 저녁,
> 낙지볶음 생각에 침이 가득타가
> 서둘러 양배추 잎을 수북이 쪘다
>
> ―〈엄마 생각·2〉 전문

  김효경의 시 전편에 흐르는 그리움의 정서는 어머니로부터 비롯된다. 아버지의 사랑을 제대로 접하지 못한 소녀의 육친애는 어머니로부터 시작된다. 초등학교 교사인 어머니 혼자서 시댁 식구와 슬하의 3남매를 훌륭히 키워내신 어머니는 시인에게 "눈감아도 환한 당신"(《엄마 생각·4》)이다. 그 '당신'은, 〈엄마 생각·1〉에서, 저물녘 꽃나무 아래를 걸어가다가 "앞서 가는" 굽은 다리의 "그림자 하나"를 만나도, 어머니 생각에 밤새도록 '나'의 가슴에는 "꽃 지는 소리" "수북" 쌓이게 하는 당신이다. '굽은 다리의 그림자'는 불구의 어머니를 생각게 한다.
  〈엄마 생각·2〉를 듣는다. 어머니 목소리가 벼락처럼 화자의 가슴을 내리치는 저녁, 화자는 낙지볶음 생각에 침이 가득하다가 저도 모르게 어머니 생각에 식단을 바꾼다. '서둘러 양배추 잎을 수북이 찌'는 화자의 모습이 애틋하다. 〈엄마 생각·3〉에서 어머니의 말은 계속된다. "이제 막 피던 봄이 툭 떨어지는데/ 동백꽃보다 더 붉게 떨어지는데/ 문득, 당신도, 저렇게 지면 좋겠다/ 저렇게 지면 좋겠다 뇌"이시는 어머니가 삶의 끈을 놓을까 봐 조마롭다. 김효경의 사모곡은 그만의 노래가 아니다. 이 시대 모든 아들딸의 그리움이요 사랑이다. 〈바닷가 언덕과 산국〉은 아버지에 대한 그리움의 시이다.

살구가 익고 눈이 내리는 그곳은

> 지천명 끝의 지금도 혼자 길을 갈 때면 자박자박
> 사진 속 그 사람을 만나러 가던 때로 돌아가곤 한다
> 그리고 가끔 꿈속에서는 그 언덕에서 처음 본 바다를,
> 처음 눈 맞은 산국을, 그것들을 보고 눈이 동그래지던
> 쬐끄만 계집애를 만나곤 한다
>
> — 〈바닷가 언덕과 산국〉 마지막 연

시 〈바닷가 언덕과 산국〉은 지천명에 이른 화자의 결손된 가족사를 자연물을 데려와 담담하게 풀어 쓴 작품이다. 어린 나이에 아버지와 사별한 탓에 화자는 아버지에 대한 그리움이 남다르다. '성묘'는 아버지의 부재를 암시하며 화자가 만날 수 있는 아버지는 '빛바랜 사진'뿐이다. 그리움의 매개물은 '바닷가 언덕'과 '나지막한 무덤'과 '몇 포기 노란 꽃(산국)'이다. 가을, 바닷가 언덕을 배경으로 아버지가 그리울 땐 "솔밭길 솔바람 소리를 들으며 그

언덕으로 갔다가/ 흠뻑 저녁 물에 젖어 돌아오"던 "쬐끄만 계집애"는 '칭얼거림', '소스라침', '황망해짐', '몸서리침' 등 "기막힌 이별에 대한 상실감"(〈6월〉)을 극복하고 건강하게 지천명의 여인이 되었나 보다. 김효경의 애틋한 그리움은 〈살구가 익을 무렵〉에서 "새 별"로 돋는다.

숨소리가 나른해질 때
돌아갈 곳이 있다는 것
그 사소함이 얼마나 큰 기쁨인지요

날마다 당신 때문에 웃던 날엔
몰랐습니다 허기진 저녁도 평온하다는 걸

모르던 사소함이 함박웃음을 주는데도
살구가 익을 무렵부터
당신을 기다리는 나를 봅니다

허기져서도 별을 헤던 그 저녁엔
몰랐습니다.
이렇게 살구가 익을 무렵
다시 당신을 기다리게 될 줄
그 기다림의 분량만큼 새 별이 돋을 줄

— 〈살구가 익을 무렵〉 전문

"사소함"도 "기쁨"이 된다. '사소하다'는 '보잘것없이 작거나 적다'는 뜻으로, 크기와 부피를 나타낼 때 쓰인다. 이는 정감의 크기나 양의 무게를 생각지 않고 쓰는 말이다. 시인은, 〈살구가 익을 무렵〉에서 일상적 삶의 소중함을 크나큰 기쁨으로 확장시키며 '당신'에 대한 소중함을 노래하고 있다.

　평소에는 느끼지 못하던 사실을, 몸이 지치고 나른할 때 새삼 크게 기억됨을 우리는 안다. 1연에서, 돌아가 쉴 집이 있음은 당연한 예사, 곧 사소함이다. 그런데 그것을 느끼지 못하고 살다가 "숨소리가 나른해질 때"에야 "돌아갈 곳이 있다는" 사실을 알고 화자는 "큰 기쁨"을 얻게 된다. "사소함"에서 얻는 '기쁨'이다. 2연을 본다. "날마다 당신"과 함께 웃으며 즐겁게 지내던 날엔 "허기진 저녁"도 당신이 있어 평온하다는 걸 모르고 사소함으로 여겼었다. 당신 부재로 당신과 함께했던 그 즐겁던 날이 사소함 이상이었음을 이제 알게 된다. 3연에서 '나'는 예전에는 몰랐던 그 "사소함이 함박웃음을 주는데도" "살구가 익을 무렵부터" 지난날처럼 당신을 기다린다. "허기진 저녁"의 날은 살구가 익을 무렵이어야 한다. 살구는 보리를 벨 망종 무렵부터 익는다. 보릿고개를 막 넘길 무렵이다. 가난하지만 작은 행복을 누릴 수 있을 무렵이다. '살구'는 향토적 삶의 의미이다. 4연에서 시인은 '살구가 익을 무렵'을 반복하며 '기다림'의 간절함을 돋아나는 "새 별"의 분량으로 헤아리게 한다. '당신'은 허기지던 저녁의 날에 함께했던 가장일 테다.

　'사소함'을 함께 누릴 때는 그것이 큰 기쁨이었음을 모르다가 함께 누리던 '당신'과의 시간을 생각하며 부재의 당신을 잊지 못하는 무량의 그리움이 '새 별'로 반짝이는 시이다. 어휘의 중복에서 낭송의 찡한 여운을 맛본다. 김효경의 고향을 찾아가 본다.

>
> 눈이 내리는가
> 가만히 눈감으면 보이는 그곳
> 감꽃목걸이 엮어 걸던 마당에
> 펑펑 눈은 내리는가
>
> 겨울 깊은 남녘의 밤
> 빗소리에 어쩌다 잠에서 깨어
> 툭하면 눈 내리던 그리운 그곳으로
> 마음은 7번국도 굽이돌며 파도에 젖는데
>
> 까치발로 따먹던 뒤란 앵두나무에도
> 알감자 썩히던 냇가 징검돌 위에도
> 눈은 내리는가
> 밤새워 내려 쌓이는가
>
> 감았던 눈을 떠도 보이는 그곳
> 그리운 그대 눈사람으로 세워놓던
> 바닷가 언덕, 내 작은 발자국 위에도
> 함박눈 내려 쌓이는가
>
> ― 〈눈이 내리는가〉 전문

눈이 내리는가. 내 고향 그 집 마당에 눈이 내리는가. 겨울 깊은 남녘의 밤, 빗소리에 어쩌다 잠이 깰 때 툭하면 눈이 내리던 그리운 고향집 마당으로 마음은 벌써 떠나고 있다. 파도에 젖는 마음 데리고 7번국도 굽이돌면 감꽃목걸이 엮어 걸던 마당이 반긴다. 눈이 내리는가, 펑펑. 까치발로 따먹던 뒤란의 앵두나무에도, 알감자 썩히던 냇가 징검돌 위에도 아, 눈은 내리는가. 밤새워 내려 쌓이는가.

감았던 눈을 떠도 보이는 강원도 삼척땅, 그리운 그대를 눈사람으로 세워놓느라 바닷가 언덕에 찍어 놓은 내 작은 발자국 위에도 지금 함박눈은 내려 쌓이는가.

〈눈이 내리는가〉는 겨울비가 내리는 밤 유년기의 고향을 생각하며 쓴 시이다. "그리운 그대"는 〈살구가 익을 무렵〉의 '그대'와 통한다. 사친가이다.

징검다리와 등 굽은 나무

내가 받은 유산이라면
사철 부동의 마음으로 사는 일

불어난 물가에서
버들잎 같은 목숨들 아우성쳐도
큰물 지나도록 기다리는 일

바람이 들려주는 잡다한 세상소리에도
물속에서 다만 침묵하는 일

초록과 단풍과
함박눈에 흠뻑 빠지는 마을 풍경과
나를 밟고 지나간 사람의
눈물겨운 흔적까지 지켜줄

꿋꿋한 정신의 마침표가 되는 일

— 〈징검다리〉 전문

 시집 《기억들은 모두 꽃이 되었다》에서, 우리는 '징검돌' 또는 '징검다리'를 놓은 몇 편의 시편들을 만나게 된다. "알감자 썩히던 냇가 징검돌"(〈눈이 내리는가〉)은 강원도 사람이면 익히 아는 썩감자 가루를 채취하는 풍경을 보여 주는 안내의 징검돌이요, "흩날려 가는 꽃잎처럼, 징검다리처럼/ 더불어 사는 누군가의 삶에/ 아름다운 인연이었던 적이 있는가"(〈누구에게 무엇이었던 적이 있는가〉)에서의 '징검다리'는 '아름다운 인연'에 대한 보조관념으로, "누군가 건너야 하는 징검다리/ 나는 그 맨 마지막 돌이라도 좋겠다"(〈희망가·3〉)의 '징검다리'는 누군가를 위해 이바지하겠다는 의지의 다리로 읽힌다. 〈바람의 길〉에서 '징검다리'는 "전설의 그 마을로 가는" 통로 역할을 담당한다. 몇 번 만나본 '징검다리'의 결정인 마지막 작품을 만나본다.
 5연 구성 작품이다. '징검다리'의 속성을 통해 화자 '나'는 진정

한 삶의 세계에 대한 자세를 고백하듯 다짐하고 있다. 이 다짐은 자기와의 약속이다. 1연에서 우리는, 어떤 외부적 힘의 방해가 있어도 흔들려서는 안 되는 징검다리의 속성을 만난다. 사철 끄덕하지 않는 '부동의 마음'은 고집이 아니라 지절이요 지사적 정신이다. 2연은 1연의 부연. 순리가 아닌 일에 경거망동을 삼가고 본분을 지키는 일이다. 분에 넘치는 일에 현혹되어서는 아니 된다. "버들잎 같은 목숨들"의 "아우성"은 당위성을 위한 변명에 지나지 않는다. 그 '버들잎 같은 목숨들'의 구조는 뗏목이거나 목선의 일이지 징검다리가 나설 일은 아니다. 1연의 부연이다. 3연을 본다. 부동의 '나'에게 '바람'은 세속의 소식을 알려 주는 전달자이다. "잡다한 세상소리"는 부정적 이미지. "침묵하는 일"은 초탈의 자세이다. 본분을 지키는 징검다리의 심지心地가 꿋꿋하여 신뢰할 만하다.

  4, 5연을 본다. 내용상 한 연으로 아우를 수 있지만 굳이 마지막 1행을 따로 떼어 놓은 것은 화자의 의지가 남다름을 강조하기 위한 것. "초록과 단풍과/ 함박눈에 흠뻑 빠지는 마을 풍경"은 누릴 수 있는 제한적 배경이다. "누군가 건너야 하는 징검다리/ 나는 그 맨 마지막 돌"(〈희망가·3〉)에 지나지 않던 존재의 단순 이유를 이 시의 마지막 연에서 결연한 의지로 심화시켜 '꿋꿋한 정신의 마침표'로 확인, 다짐하고 있다. '정신의 마침표'란 무엇인가? 인간과 애락을 함께하며 역사의 지킴이로 꿋꿋이 남아 희로에 흔들리지 않는 화자의 의지 아니겠는가.

  김효경의 시에는 나무나 꽃을 자주 불러온다. 고향집 뜰에서 만나는 수선화, 영산홍, 모란, 장미, 감꽃, 능소화, 수국, 프리지어도 있지만 산과 들을 계절마다 채우는 매화, 앉은뱅이꽃, 벚꽃, 살구꽃, 찔레꽃, 아카시아, 유채꽃, 망초, 산국, 억새꽃 들로 꽃멀미까지 하는 '나'를 만날 때 도시적 순정의 우아미를 느끼게 된다. 이들에 대한 시인의 태도는 각별하다. 〈목련 그늘〉에 앉아 본다.

저 꽃빛에
지금 모습이 더 남루해진다 해도
세상은 그런 우리를 눈여겨보지 않을 거야
숨 쉰 것만큼 후회할지라도
여기서 우리, 숨이나 쉬다 가자

스스로 밝혀든 생명의 등불
눈부신 꽃가지 가지마다
낭랑한 노래 한 소절씩 걸어주면서
실연이나 실직으로 앓는 인생들
더는 아프지 마라 아프지 마라 빌면서

오지 않는 그 사람의 편지 따위 잊고
여기서 우리 숨이나 쉬다 가자
나밖에 되지 못한 내 손을 잡고
새맑은 시 한 구절 들려주고 가자

— 〈목련 그늘〉 전문

위의 시 〈목련 그늘〉은, 바쁘게 살아온 도시인에게 쉼터를 제공하는 꽃그늘이다. 꽃빛이 "남루해진다 해도" 후회하지 말 일이다. 목련은, "생명의 등불"을 밝혀들고 "눈부신 꽃가지 가지마다" "낭랑한 노래 한 소절"씩 걸어주며 "실직으로 앓는 인생"에게 엄마손의 정을 안겨 주는 위로의 꽃이다. "오지 않는 그 사람의 편지 따위"는 잊어도 좋다. 누구에게 위로가 될 "시 한 구절"을 들으며 쉬었다 갈 꽃자리가 '목련 그늘'이다. 밀크 빛 같은 모성의 이미지가 시선을 끈다. 〈무심코 뱉은 말〉을 들어 본다.

봄이 온 지도 꽤 되었건만
창밖의 저 나무만은 아직 겨울이다

맨몸으로 서 있는 너를 향해
자주 부르던 노래 흥얼거리며
문을 조금 열기로 한다

오늘은 날마다 오던 새도 보이지 않는다

겨울 동안
더 굽어진 나무의 등을 보며
이제 그만 베어버려야겠다고 했는데
아무래도 그 말을 들은 모양이다

그늘조차 푸르던 시절

내가 했던 말은 어떤 빛이었을까

　　　　　　　　　　　　　　　　— 〈무심코 뱉은 말〉 전문

　화자는 지금 창 안에서 바깥을 바라본다. 봄이 온 지 꽤 되었으면 나무들은 벌써 꽃을 피우고 열매를 맺을 때이다. 연두의 빛을 지나 신록의 기운을 떨칠 때이겠다. 그런데 "창밖의 저 나무만은 아직 겨울"이라 한다. '창밖의 나무'가 아니라 '창밖의 저 나무'이다. '저'라는 꾸밈말에는 거리감이 있다. 다른 나무들은 봄을 누리는데 유독 '저 나무'만은 '겨울'이다. 불구적 존재일 테다. 화자는 관심을 가지며 맨몸으로 서 있는 나무를 향해 "자주 부르던 노래 흥얼거리며/ 문을 조금 열기로 한다." 소통의 신호이다. 흥얼거리는 노래는 자주 불렀으므로 '나무'는 '나'의 관심에 반응을 보여야 한다. 오늘 따라 "날마다 오던 새"도 보이지 않는다. "겨울 동안" 나무는 등이 더 굽어 보여서 "이제 그만 베어버려야겠다고" 한 말을 새도 들은 것일까. "무심코 뱉은 말"이 입속말일지라도 세상의 귀는 열려 있음을 본다. 염량세태를 생각한다. 더불어 사는 삶을 새가 찾지 않는 "맨몸으로 서 있는" 나무에서 만난다. 시인은 마지막 연을 이렇게 올려놓고 있다. "그늘조차 푸르던 시절/ 내가 했던 말은 어떤 빛이었을까" 젊은 나무로 무성하던 시절, "내"가 한 말의 빛깔을 생각해 본다. 하늘빛 여운을 가슴에 띄운다.

　김효경의 시는 읽기에 참 편한 시다. 그가 낭송 전문 시인이라서인가. 통사적 구조에 익숙한 감칠맛 나는 시편들이 많다. 합쇼

체 서술어가 친근하게 읽힌다. 김효경의 시는 '나'와 '당신'의 시이다. 당신은 '그대'이다. 김효경 시의 이인칭은 낯설지 않다. 우러름의 대상이기도, 어버지 어머니이기도, 연인이거나 벗이기도 하다. 설레어 손을 잡아주고 때로는 떼쓰며 칭얼대고 싶기도 하다. 시인이 그려놓은 은유의 숲을 걸으며 '새 잎눈 터지는 소리'와 같은 경이로운 생명의 소리를 듣고 싶다. 여명의 숲길에 핀 산국, 펑펑 쏟아지는 함박눈, 개울의 징검다리, 익어가는 살구의 향기에 묻히고 싶다.

 '징검다리' 건너 '미루나무 잎사귀'를 흔드는 일에 만족하지 않고 더 넓고 진취적인 세계로 나아가 우리들에게 심금을 울리는 시편들을 김효경은 낳으리라 믿는다. 첫 시집 상재를 축하한다.

기억들은 모두 꽃이 되었다
김효경 시집

펴낸날   2020년 8월 30일

지은이   김 효 경
펴낸이   오 하 룡
펴낸곳   도서출판 경남

주소   창원시 마산합포구 몽고정길 2-1
연락처   (055)245-8818, fax.(055)223-4343
블로그   gnbook.tistory.com
이메일   gnbook@empas.com
등록   제1985-100001호(1985. 5. 6.)
편집팀   오태민 | 심경애 | 구도희

ISBN   979-11-89731-64-9-03810

ⓒ김효경

* 잘못된 책은 바꿔 드립니다.
* 저자와 협의 인지 생략합니다.
* 이 책은 경남문화예술진흥원의 문화예술지원을 보조받아 발간되었습니다.

* 이 도서의 국립중앙도서관 출판예정도서목록(CIP)은 서지정보유통지원시스템 홈페이지
(http://seoji.nl.go.kr)와 국가자료종합목록 구축시스템(http://kolis-net.nl.go.kr)에서 이용하실 수 있습니다.(CIP제어번호 : CIP2020035789)

〔값 10,000원〕